MW01254504

ALFAGUARA JUVENIL

ALFAGUARA^{M.R.}

POEMAS DE JUGUETE

D.R. © del texto: ANTONIO GRANADOS,1990

D.R. © de las ilustraciones: PAULINA REYES, 1999

D.R.© de esta edición:
Santillana Ediciones Generales, S.A. de C.V., 2004
Av. Río Mixcoac 274, Col. Acacias
03240, Mexico, D.F.

Alfaguara es un sello editorial del **Grupo Prisa**.
Éstas son las sedes:

ARGENTINA, BOLIVIA, CHILE, COLOMBIA, COSTA RICA, ECUADOR,
EL SALVADOR, ESPAÑA, ESTADOS UNIDOS, GUATEMALA, MÉXICO,
PANAMÁ, PARAGUAY, PERÚ, PUERTO RICO, REPÚBLICA DOMINICANA,
URUGUAY Y VENEZUELA.

Primera edición en Alfaguara: noviembre de 1999
Primera reimpresión: abril de 2000
Primera edición en Santillana Ediciones Generales, S.A. de C.V.: junio de 2004
Cuarta reimpresión: mayo de 2012

ISBN: 978-968-19-0627-6

Impreso en México

Este libro se terminó de imprimir en el mes de
mayo de 2012, en Edamsa Impresiones S.A. de C.V.
Av. Hidalgo No. 111, Col. Fracc. San Nicolás Tolentino C.P. 09850,
Del. Iztapalapa, México, D.F.

PRISA EDICIONES

Poemas de juguete

Antonio Granados

Ilustraciones de Paulina Reyes

ALFAGUARA

Índice

Este libro quiere ser un
ramo de frases para:

Rodolfo Ilhuicamé
Aramara Sundaindé
Misael Antonio

y para todos a quienes
les gusta jugar con
palabras.

habla palabra que descalabra

I

Trabalenguas

Como tú sabes, los trabalenguas son suertes de palabras.

Los hay chiquitos, fáciles de recordar pero que a la hora de repetirlos rápido, rápido, nos pueden llevar a equivocarnos.

Los hay con pocos versos, pero tan enredosos que cuesta tanto trabajo recordarlos como repetirlos.

Los hay con muchos versos, que ponen a toda prueba nuestra memoria y nuestra habilidad para decirlos.

A simple vista, los trabalenguas son enredijos de palabras, trampas de la voz o zancadillas verbales.

Pero viéndolo bien, los trabalenguas son destrabalenguas, fórmulas mágicas o llaves que sirven para abrir la puerta de la casa del juego.

¿Le entras?

Te entramparé
palabra matrera,
tremenda tramposa,
tretiquisquillosa,
trapera tortuosa,
tripas de tristeza,
carifantasiosa.

Un lororrinojirofante
de lororrinojirofantasía
lororrinojirofantaseaba
lororrinojirofantasiosamente
que un día
se deslororrinojirofantaseaba
y fantasilororrinojirofantaseando
se quedó.

Tarimbarímbame la timbarimba
y destrabarímbame el trabarimbé.

Espejo travieso:
      Tergiverso el verso
reflejo el reverso
      cuando voy regreso
al revés me tuerzo
      y trabalenguo el rezo.

El cocodrilo
llorividriaba
su penarena
llorilluviada;
tantantaranto
llorividriaba
que su vidriera
llorinundaba.
El cocodrilo
ya no es el coco,
cocodrividrio;
el cocodrilo
ya no es el coco,
es cocodriluvio.

Se escapa del espejo el escarabajeco...

¡Sol, anúlalos; sol, alúnalos!...
Los anula la mala luna, sol.

Un droposaurio y un dropodrilo
—dropociclónicamente
y a todo dropociclear—
dropocicleaban su dropociclo,
dropodirundirundan.

Yo tenía una jintanjáfora,
jintanjanfórica amiga;
no era jintanjanforera
de Jintanjanfonería,
era jintanjanfloreña
de Jintanjanflorería:
jintanjánflora sin flores,
jintanjanfanfarronilla,
jintanjanflórica loca
con risa de jiribilla.

Ensortijada sortija
desensortija tu risa;
desensortija tu risa
ensortijada sortija...

Yo no sé qué no sequé
sé que sé que no sé qué
pero no sé ya qué no sequé.

A leguas se ve la luenga lengua...

En una jaula está Jauja,
en Jauja está la jaula que enjaula
la jaula de la jauría.
Yo no desenjaularé ni desenjaularía
la jaula de la jauría;
yo no desenjaujaré ni desenjaujaría
la Jauja de la jauría.

Se supo su chonca
el varividillo;
danzarizumbaba
su viovocilimbo;
movirirrumbaba
su dropodirimbo.

II

Adivinanzas

Cuentan que Miguel de Cervantes, el escritor del Quijote de la Mancha, dijo un día que la adivinanza
"tiene forma de poema
pero en realidad es un problema".
Y vaya si lo es, pero además es toda una aventura; con ella podemos jugar a imaginar.

¿Cuántas adivinanzas te sabes?
¿Te gustaría conocer otras más?
¿Qué tal eres para contestarlas?

Pues aquí tienes un puñado de ellas para que les eches cabeza y las respondas.
Ah, pero, mira, vamos haciendo un trato: Primero lee poco a poco cada adivinanza, ve imaginando lo que puede esconderse en sus palabras y trata de encontrar la respuesta sin ayuda, ¿sale?

Para saber si la respuesta que has encontrado es la correcta, busca un pedazo de espejo y ponlo frente a las letras que están escritas al revés debajo de cada adivinanza.

Ya que les halles el modo y el ritmo, puedes compartirlas con tus amigos y hasta inventar otras nuevas.

¿Te animas?

Sal para ver si sabes;
sal para que sepas
a qué sabe el agua dulce,
siempre y cuando no te metas.

(La sal)

Ésta es una piedra verde
que si la partes le sale un río:
                lengua de dulce,
                roja saliva,
                        jugo de frío.

(La sandía)

Si me lo niegas
pues ya lo sabes;
si me lo niegas
pues ya sabrás:
cueva redonda
donde no cabes,
abre la puerta
y te mojarás.

(El melón)

Negra bembona
te remedo
y te sigo
cuando puedo.

Del correo falsa estampilla
que se pega en tu mejilla.

Gaviota que no es gaviota,
plumaje de polvo de agua
que nace de una ola rota,
crece, vuela y se hace nada.

Ovejas de fantasía,
pañuelos para mojar
con su llanto la alegría.

(Las nubes)

¿Qué es lo que no es,
casita de madera,
con muchos cuartos,
sin puerta y sin escalera?

(La nuez)

Pájaro de los ocho picos,
plumaje de arco iris
y de enredijo;
más que pájaro, pajarete
—¡zúmbale, zumbalete!

(El rehilete)

Una señora,
y de señora nada,
que aunque esté de pie
siempre está sentada.

Luna ruedirredonda
para que el tiempo se esconda.

(El reloj)

Soy
aunque no soy,
quien me oye no me toca,
aunque tengo voz
no tengo boca.

(El eco)

Redonda y roja:
        Mansa mañana
que se me antoja.

(La manzana)

Su lengua es su corazón
su corazón gorgorea
una canción de latón
aunque usted no me lo crea.

III

Acertijos

Cuando era niño, oí por primera vez la palabra "acertijo". Entonces imaginé un caracol maldoso y pequeñito.

Más tarde vine a saber que era algo así como adivinanza, que no es adivinanza sino pregunta capciosa.

¡Imagínate lo que quiere decir eso de "capciosa"!

Con el tiempo me enteré de que los acertijos se dicen desde hace muchísimos años.

Se han usado para encantar y desencantar, para encontrar algún tesoro, para enduendar o desenduendar, para salir de algún apuro y hasta para vacilar (pues hay acertijos de doble sentido, que si tú contestas "es esto", el que te lo pregunta te dice "no, es aquello"; y que si tú le dices "es aquello", él te contesta "no, es esto" y se divierte a tus costillas).

Sean lo que sean, los acertijos siguen siendo para mí esos caracoles pequeños y maldosos que imaginé de niño.

Por si se ofrece, siempre llevo conmigo un par de ellos como mascotas cuando salgo a la calle.

Ahora mismo suelto algunos por estas páginas para ver si les hallas la respuesta. Si no es así, voltea de cabeza cada página y eso te ayudará.

¿Qué cosa es sol de cristal
que se apaga si es que quiero?

(El foco.)

Anteanoche vi dos patos
y los miré con dos pies;
¡cómo pudo ser tal cosa!,
¿tú me crees o no me crees?

(Sí, porque quien lo vio tenía dos pies y no pudo, ni
era necesario, quitárselos para ver.
No, porque no se ve con los pies sino con los ojos.
No, porque los patos no pueden tener dos pies, sino
dos patas.)

Si están tres
y dos contigo
¿cuántos son?

(Éste es un acertijo que se presta para vacilar. Pues si
contestas que son cinco los que
están contigo, yo te podría decir que deberías de
contarte tú también. En cambio, si respondes que son
seis, contigo, yo te podría decir que tú no cuentas y
que nada más debes contar a quienes te acompañan.)

Adán, nada al revés.

¿Por qué no se le mojan ni los pies?

(Porque no se está diciendo que Adán está
nadando sino que, leída la palabra, Adán al revés
dirá "nada".)

Si no hay leña ni carbón
¿qué habrá en el centro del sol?

¿Qué es una noche que no es noche
sino día que no es día?

Para que la duda asome:
¿Tú crees que el pollo se come?

(No, el pollo no se come a sí mismo, uno es
quien se lo come a él.)

Quieto veo al perro
que va corriendo.
¿Cómo está esto,
que no comprendo?

(Es que el que lo ve está quieto y no el perro.)

¿Qué palma está sin sembrar
ni en el bosque, ni en la selva
ni tampoco frente al mar?

(La palma de la mano.)

Si el ojo de la gata es la luna,
¿quién es la gata?

¿Quién soy
si soy yo, sin ser yo
porque soy tú, sin ser tú?

(Puede ser tu sombra o tu imagen en el espejo.)

Si va un par
más dos pares
        de lagartos,
¿cuántas
        huellas
                dejan
                de zapatos?

(Ninguna porque los lagartos no usan zapatos.)

¿Qué cosa es
que si lo dices
se rompe?

(El silencio.)

¿Qué serán cinco renglones
donde se escriben canciones?

(Los renglones que forman las seis cuerdas de la guitarra.)

IV

Poemas ideográficos

Los poemas ideográficos son dibujos de palabras, retratos de las cosas que queremos decir y dibujar al mismo tiempo.

Los poemas ideográficos son juguetes de tinta, para que uno juegue a pensar, a inventar versos o simplemente a pasarla bien con las ocurrencias de quienes los inventan.

Aquí hay unos cuantos para que los leas y juguetees con ellos.

Ponte avispa:

Como a veces lo más difícil de estos dibujos de palabras es comenzarlos a leer, déjame decirte que se vale que voltees cada página para donde quieras hasta que des con la palabra inicial de cada poema.

Una vez hallada la palabra del comienzo, lo demás es pan comido.

Adivinanza

Pico del Pájaro imposible que pica y pica y no muerde, dientes de semilla, y el rabo verde

(El chile.)

Silla

un instante de madera donde se sienta la espera

Noción de bosque

como
aroma
de pino
los pájaros
riegan su canto
por el camino

Arco iris

Cuerdas de guitarra loca,
música de voz azul,
arco de cuerdas de viento
que se columpia en la luz.

Rehilete

ríete, ríete,

rehilete

ríete, ríete

que el viento es de juguete

Pan

rendija de migajón
y sabe a canción.
risa tostada que muerdo

Árbol urbano

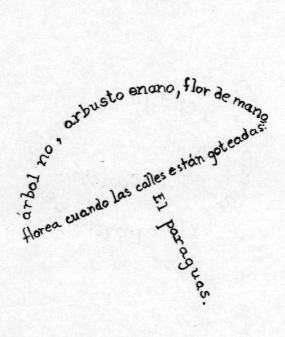

árbol no, arbusto enano, flor de mano
florea cuando las calles están goteadas:
El paraguas.

Caída de tarde

Labios de plumas

desbandada de besas

arcajadas volando

Los pájaros

Luna

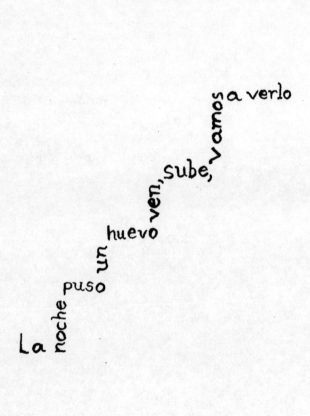

La noche puso un huevo ven, sube, vamos a verlo

Guitarra

De madera que amanece por la panza, un pájaro anida en su garganta, por eso canta, canta, canta, suena como adivinanza, es mañana de madera...

Caracol

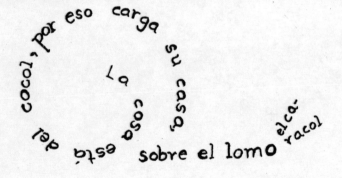

La cosa está sobre el lomo del caracol, por eso carga su casa, el caracol

Sol de agua

baja un sol negro sonriendo lleva un sol de agua por dentro
baja que baja contento baja que baja con calma
coco a coco de la palma

Canción

En la punta de la rama canta una manzana

Papalote

del viento, pájaro del revés, a veces te invento pañuelo de trapo los pies

Retrato

En este espejo que ves
se está asomando el enojado.

si es que lo miras otra vez
notarás que de ti ya se ha burlado.

Día nublado

los ojos
son
nubes
c
u
a
n
d
o

las nubes
son
ojos
ll
u
e
v
e

V

Haikúes

Aunque digas que "está en chino", el haikú es japonés y quiere decir "poema juego".

A veces le llaman Haikai, pero su nombre es lo de menos, lo importante es que nació de tanto que los poetas japoneses escribían poemas para jugar a pensar.

Así que el haikú viene a ser como un juguete de palabras, parecido a las piezas chinas y japonesas que los artesanos con manos de magia hacen despacio, como si les pusieran alma.

El haikú es un poema pequeño, de tres líneas o versos. El primer verso de cinco sílabas, el segundo de siete y el tercero de cinco sílabas otra vez.

Por si quisieras, enseguida verás unos haikúes escritos como adivinanzas al revés, primero hallarás la respuesta —que es el título— y después la descripción o desarrollo.

A lo mejor algún día te animas
a inventar algún haikú.
    ¿A poco no te gustaría jugar a
los poemas?

Bosque

¡Qué verde trino!
A canto de pájaros
huele el camino.

Sirena

Sueño y la atrapo;
pero luego me sueña
¿cómo me escapo?

Araña

Pones y quitas
haces tu casa con hilos
de mentiritas.

Caja de pintura

Dedos de magia
rasguñan de colores
nuestra nostalgia.

Hamaca

Luna de trapo,
red con la que mi sueño
jugando atrapo.

Dado

Luna cuadrada
cubo donde la suerte
se haya enjaulada.

Domingo

Mañana fría
que el sol va contagiando
con su alegría.

Arco iris

Guitarra loca
solamente el poeta
viene y te toca.

El trompo

Es remolino
por un momento eterno
y vespertino.

Recreo

Silencio roto,
risas que están movidas
entre la foto.

Hada

Virgen insecto
piel de ilusión con vida:
cuento perfecto.

Payaso

A toda prisa
la pena se maquilla
con una risa.

Lápiz

Negro zapato,
dejas por huella loca
tu garabato.

Pelota

Sol de a mentiras,
que se vuelve de veras
cuando lo tiras.

VI

Palíndromas

A lo mejor alguna vez te has encontrado con una palabra que si la lees de izquierda a derecha, o de derecha a izquierda, dice lo mismo, por ejemplo:

Ana

oro

ojo

solos

ala

¿Cuál otra se te ocurre?

Pues esas palabras son palíndromas o palíndromos.

A veces, aunque varias palabras sueltas no sean palíndromas, pueden formar uno de ellos si se juntan, tal como pasa con

Anita

lava

la

tina

Si leemos al revés palabra por palabra, sin relacionarlas, cambian de significado o no significan nada. Pero si las leemos como idea completa, entonces se convierten en un palíndroma, conocido desde hace mucho tiempo, que dice así:

Anita lava la tina.

Lee al revés esto, letra por letra, y verás que dice lo mismo.

Por todo esto, los palíndromas son como espejos de palabras. El chiste de ellos no es inventarlos sino descubrirlos,

pues están escondidos en las frases que decimos a diario.

Los palíndromas son como mariposas de tinta que no se dejan atrapar tan fácil.

Cuando uno tiene suerte, llega a encontrar unos que son verdaderos poemas. Pero cuando no la tiene, encuentra simples ideas o palíndromas ya antes atrapados por otros.

Por eso hay quienes piensan que no tiene caso andar papando palíndromas.

¿Tú qué opinas?

¡aire, ven a la nevería!

¡aire, ven a la nevería!

leí miel

lél miel

subo tu autobús

subo tu autobús

¡Abre yerba!

¡Abre yerba!

Ajabiebus sube y baja

amo la paloma
y
a mi loca Colima

amo la paloma

y

a mi loca Colima

¡ánima camina!

Allí va Villa

¡ánima camina!

Allí va Villa

¿Aporto trapo o parto tropa?

¿Aporto trapo o parto tropa?

¡Aten al planeta!

¡Aten al planeta!

no sorbas sabrosón

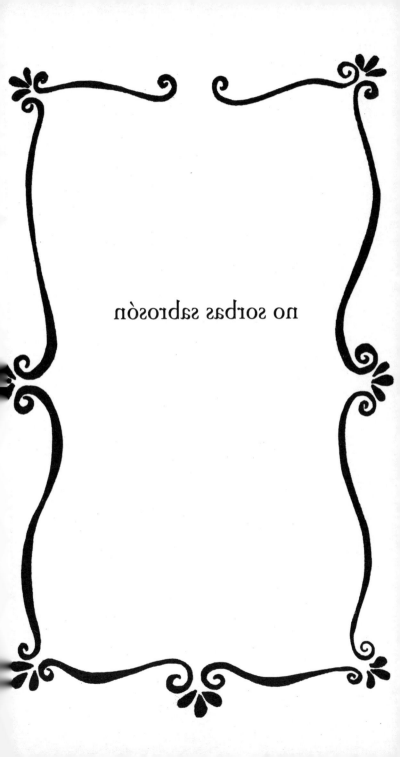

no sorbas sabrosón

acá va la vaca

sé verla al revés

acá va la vaca

sé verla al revés

Adajna, rana anaranjada

Adaina, rana anaranjada

soñarás araños

soñarás arañas

Ana
roba sabor
sin anís
y
atraca la carta

Ana
roba sabor
sin anís
y
atraca la carta

¡asna danza!

¡asna danza!

VII

Juego de espejos

En las cuatro páginas que siguen hay palíndromas a medias, hechos con palabras locas.

Son un juego para realizarlo entre parejas:

Un jugador tiene que decir una línea al derecho y el otro al revés.

Por ejemplo, si jugamos tú y yo, y tú lees de ida:

"acá la calaca aloca la cola".

Yo tendré que leer ese mismo verso de regreso, así:

"aloca la cola acá la calaca".

De ese modo, entre dos, formaremos un palíndroma.

Antes de buscar pareja para jugar, puedes hacerlo a solas. Nada más anota en la hoja del espejo los versos de regreso y ya está.

Si al principio te cuesta trabajo, pero sientes cosquillas y te gana la risa, es buen comienzo. ¿Juegas?

acá la calaca aloca la cola

loco cocol hamaca la cama

aloba la bola y apoca la copa

atar a Marata, acaso cosaca,

anota la tona Anona Canona;

aloba la bola a la calacala;

hallar a la raya Anina Canina;

Afufa Mafufa: amar a Marama;

hamaca la cama, Anita Latina.

VIII

Semejanzas y diferencias

¿Qué tal si les hallas las semejanzas o diferencias a los siguientes juegos de palabras?

Cada poema escrito en cada puerta esconde tras él otro poema escrito en otra puerta, que es la misma. Es decir, se habla de algo mediante dos maneras diferentes.

Ya sabes, hay más de dos maneras de decir una cosa.

¿Cómo hablarías tú de lo que se escribe en las páginas siguientes?

Aquí tienes el primer poema que está sobre la puerta detrás de la que está otra puerta que tiene escrito otro poema con el mismo nombre del primero.

¿Semejante o diferente?

¿Por qué no lo investigas?

Conjuro para quitar la sed

Santo Señor de las Aguas,
ven y quita tu paraguas,
que llueva, por compasión,
pura agüita de limón;
que caiga un agua endulzada
pero que sea limonada
—y no como el otro día,
llovió jugo de sandía—.
¡Quítame de este desierto!
¡Duérmeme si estoy despierto!
Abracadabridacabra,
remójame la palabra.
¡Ándale, no te hagas maje,
dile a la lluvia que baje!

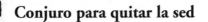

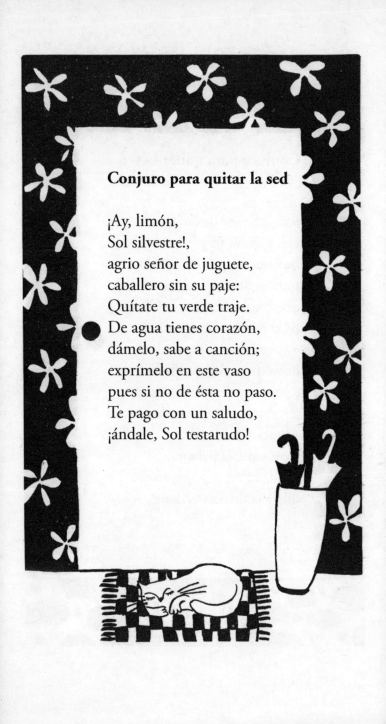

Conjuro para quitar la sed

¡Ay, limón,
Sol silvestre!,
agrio señor de juguete,
caballero sin su paje:
Quítate tu verde traje.
De agua tienes corazón,
dámelo, sabe a canción;
exprímelo en este vaso
pues si no de ésta no paso.
Te pago con un saludo,
¡ándale, Sol testarudo!

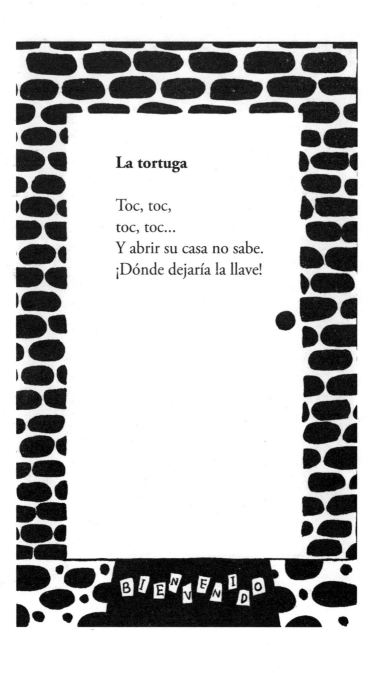

La tortuga

Toc, toc,
toc, toc...
Y abrir su casa no sabe.
¡Dónde dejaría la llave!

BIENVENIDO

La tortuga

¡Qué pena
me da la pena
de la tortuga Tomasa!
Porque no pagó la renta
la corrieron
      con todo y casa.

Dos zapatos

Dos charcos juntos
no son dos charcos,
son dos zapatos de agua
que supongo
para jugar
a que me los quito
y me los pongo.

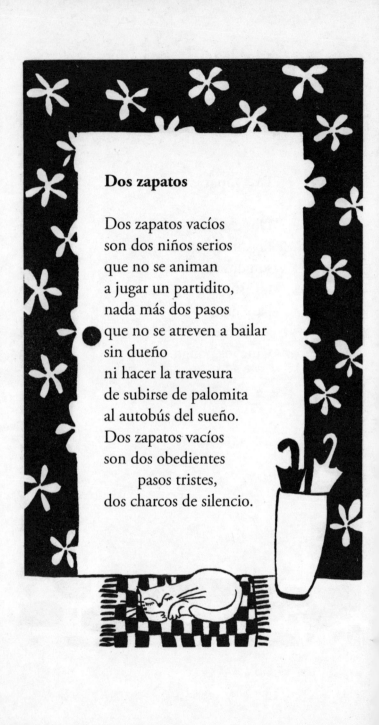

Dos zapatos

Dos zapatos vacíos
son dos niños serios
que no se animan
a jugar un partidito,
nada más dos pasos
que no se atreven a bailar
sin dueño
ni hacer la travesura
de subirse de palomita
al autobús del sueño.
Dos zapatos vacíos
son dos obedientes
          pasos tristes,
dos charcos de silencio.

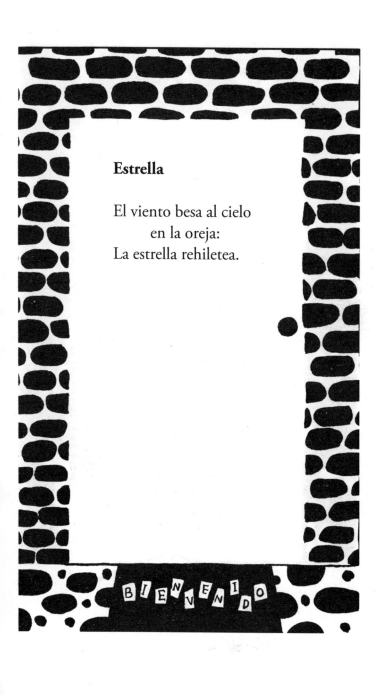

Estrella

El viento besa al cielo
en la oreja:
La estrella rehiletea.

BIENVENIDO

Estrella

El rehilete da un brinco,
es la estrella
que se cuelga
del cielo de los domingos.

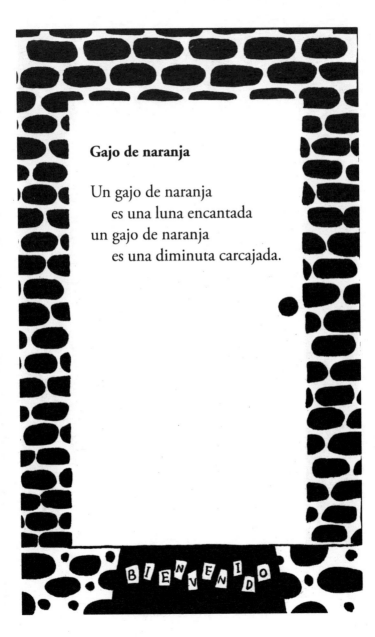

Gajo de naranja

Un gajo de naranja
    es una luna encantada
un gajo de naranja
    es una diminuta carcajada.

BIENVENIDO

Gajo de naranja

Un gajo de naranja
    es una apuesta
a que una risa de luz
    es una fiesta.

Hache muda

La
hache
se
duerme,
está desvelada.
Por eso
no suena a nada.

Hache muda

No es cierto
que la hache
    no suene a nada.
Suena a que
es una cama
    sin almohada.

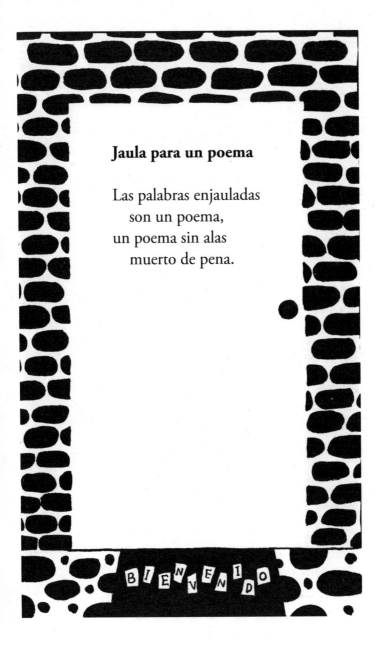

Jaula para un poema

Las palabras enjauladas
son un poema,
un poema sin alas
muerto de pena.

BIENVENIDO

Jaula para un poema

Un gorrión de palabras
dejó presa su pena;
se escapó de su jaula:
¡Vuela un poema!

A orillas de una mentira

A la orilla de un pañuelo
estaba un señor non grato,
sentado en su desconsuelo
y sonándose en su retrato.
La silla estaba con él,
le decía cositas raras,
en una taza de piel
le sirvió un té de palabras.
La taza se le cayó,
un botón ardió enseguida;
un bombero lo apagó
con tres botes de saliva.
Pobrecito su botón,
lo están llevando a enterrar
y el gato llorón, llorón,
se está riendo sin parar.

BIENVENIDO

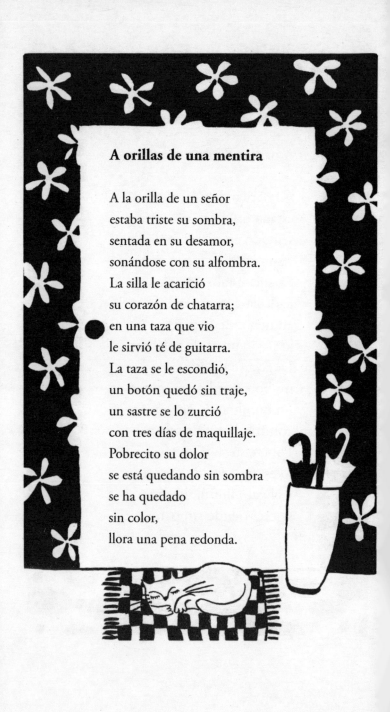

A orillas de una mentira

A la orilla de un señor
estaba triste su sombra,
sentada en su desamor,
sonándose con su alfombra.
La silla le acarició
su corazón de chatarra;
en una taza que vio
le sirvió té de guitarra.
La taza se le escondió,
un botón quedó sin traje,
un sastre se lo zurció
con tres días de maquillaje.
Pobrecito su dolor
se está quedando sin sombra
se ha quedado
sin color,
llora una pena redonda.

IX

Cine de palabras

Éste es un libro de las matinés,
un cine de papel, ¿cómo la lees?
Prohibida la entrada a uniformados,
a los tristes señores sin misterio,
a los de traje gris —mal encarados—
para quienes jugar no es algo serio
y a los sabihondos que ven a la alegría
sólo como una falta de ortografía.
Éste es un cine de papel y tinta para
quienes se van y no de pinta.
Vas a encontrar poemas cuasimochos,
versos de rima consonante y loca,
sirenas buenas y bichitos chochos...,
con historias que armar ahora te toca.
Si los puntos recortas en las hojas,
verás que en ellas pasan muchas cosas.
Éste es un cine, cuando lo abras
verás que es de dibujos de palabras.
Éste es un cine donde habita la ilusión.
¡Silencio, cámara y acción!

Una hermosa niñita
con cara de
"Te doy si no me quitas"

lloró porque
un malvado de la cinta
salió para
robarle palomitas.

Una gallina cluequiculeca,
vanidosa,
"original" y muy coqueta,

puso un huevo
especial en la banqueta
del que salió
un pollito en bicicleta.

Una pájara turquesa,
de buena cuna y buena mesa,

rezaba con los santos de cabeza
para que
no se le arrugara su tristeza.

Un valcesito bailaba la loba,
la muy creída, la muy, muy boba

danzó un valcesito con la escoba
y le creció una flor en la joroba.

Éste era un héroe con capa,
enmascarado de plata;

bajo una luna de lata
venció a la muerte escarlata.

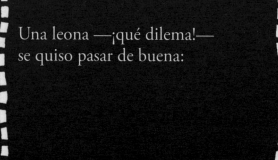

Una leona —¡qué dilema!—
se quiso pasar de buena:

Le echó a la hora de la cena
mucha crema a su poema.

Creo que esto pasó mañana:
Una vaca con piyama,

risa y risa en la ventana,
se hizo chis sobre la cama.

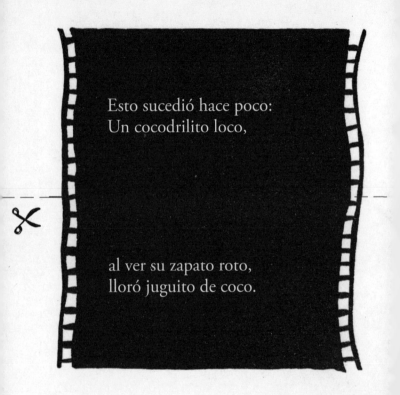

Esto sucedió hace poco:
Un cocodrilito loco,

al ver su zapato roto,
lloró juguito de coco.

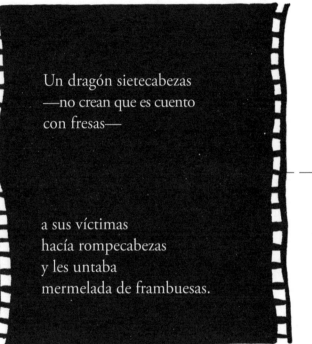

Un dragón sietecabezas
—no crean que es cuento
con fresas—

a sus víctimas
hacía rompecabezas
y les untaba
mermelada de frambuesas.

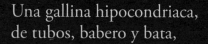

Una gallina hipocondriaca,
de tubos, babero y bata,

fue al doctor porque en la pata
le había nacido una espinaca.

Anteanoche en un desliz,
se hallaba la codorniz:

Se le veía muy feliz
pintándose de uñas el barniz.

Una sirena, ¡miren qué pena!,
en horas de luna llena

lloraba gotas de arena
pues su mamá no dejaba
que durmiera en la alacena.

Una princesa con alas,
de esas
que se rompen si las jalas,

venció
a una bruja loca, de las malas,
dándole
de comer pastel con balas.

168

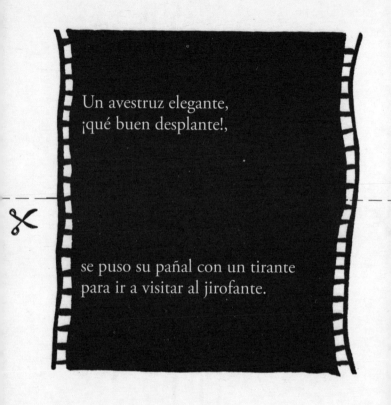

Un avestruz elegante,
¡qué buen desplante!,

se puso su pañal con un tirante
para ir a visitar al jirofante.

Una bruja venenosa,
chimuela,
cruel y algo pecosa,

le dio un beso
a una rana pegajosa
y se volvió
una tarántula preciosa.

Un dragón cuasiperverso,
encantado por un beso;

mientras se robaba un queso,
lo agarraron
con las manos en el verso.

Un ogro manos de fierro,
con fama de ser muy fiero,

en menos que canta un perro
se comió vivo un ropero.

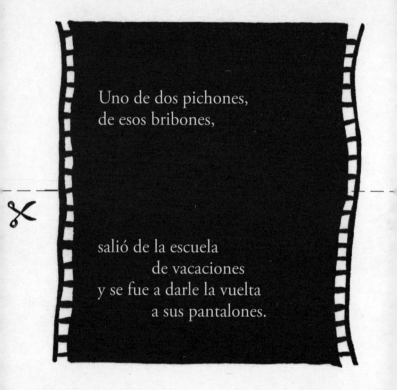

Uno de dos pichones,
de esos bribones,

salió de la escuela
          de vacaciones
y se fue a darle la vuelta
          a sus pantalones.

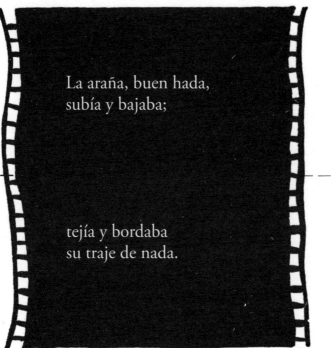

La araña, buen hada,
subía y bajaba;

tejía y bordaba
su traje de nada.

Una cachorra tenía
un amor de tontería,

más triste que el agua fría,
lloró jugo de sandía.

X

Poema para armar

Después de mucho andar papando versos, echando a perder más de uno y armando o desarmando alguno que otro, un buen día se me ocurrió hacer un rompecabezas de palabras —según yo resultaría una cosa muy original.

Mi rompecabezas, en comparación con los que se hacen a partir de figuras, sería con versos.

Le di vueltas y revueltas, hice planes, le eché cabeza al asunto, escribí y borré una buena cantidad de páginas —muy en mi papel— y... terminé haciendo este "Poema para armar".

Andaba muy orgulloso de mi invento cuando, en una de esas, descubrí —ya impreso y toda la cosa— "El cuentógrafo", de un amigo con nombre mágico: Jorge Mo.

Como la única diferencia entre "El cuentógrafo" de Jorge y mi "Poema para

armar" era que el suyo estaba escrito en prosa y el mío en verso, acordamos que, en lugar de "Poema para armar", éste se llamara "Poemógrafo", y así invitarte a jugarlo.

Para jugar este "Poemógrafo", elige entre armar la historia de la "Caperucita rosa" o la "Caperucita verde". Luego recorta las ideas y vele dando forma al cuentipoema, buscando que los versos rimen.

Lo mejor será que logres armarlo por ti mismo.

Si te atoras, pide que alguien te eche la mano.

Insiste, tú puedes.

¡Suerte!

Caperucita_____

Había una vez
en el lejano país de _____
—tal como lees—
una niña _____

Porque su madre quiso,
por ser una niña _____
o por cosa de hechizo
le llamaron _____

Como lo dice el cuento:
Su mamá la mandó _____
—soplaba fuerte el viento—
y la niña le contestó _____

Al poquísimo rato
con _____
desde allá, de su cuarto,
la niña salió _____

El sol aulló en la tarde
y el lobo, que _____
con un hambre cobarde
se puso su _____

Impaciente esperaba
a una niña _____
Pero no se imaginaba
que fuera tal como era de _____

Y ahí tienes que ese día
serían como las _____
el lobo vio a la niña
y _____

La alcanzó hecha una fiesta
preguntó _____
y obtuvo por respuesta:
—Ni modo _____

Para acabar de un modo,
el lobo _____
y sobre polvo y lodo
la niña _____

El lobuno sujeto
llegó _____
Te contaré un secreto:
la casa _____

Aunque no me lo creas,
el bosque _____
—¡vaya nudo de ideas!—
y la abuelita _____

Tocó la puerta el lobo
salió _____
y el animal le dijo:
—Perdón _____

Y dice la leyenda:
"La abuela" _____
Aunque el lobo se ofenda.

_____

PALABRAS PARA
LA CAPERUCITA VERDE

él de cocina nunca supo nada.

si me la como, es que tengo hambre.

la invito a jugar carreras

No-sé-dónde

verde

muy rebelde

cortés y muy hermosa;

se entretuvo asando peras.

se asomó por sus ventanas

Ojo: Para tener las palabras sueltas, recorta los renglones pun-
teados. Luego puedes guardar las palabras en un sobre.

gestos, malhumor y mala gana,

"No enfades".

que llamo y no responde.

cinco ya pasadas,

la abuela, por costumbre amable

es una idea brillante de mamita!

—¿Niña, vas con tu abuelita?

antes que Caperuza, ¡el muy canino!

se salvó de ser cenada.

Caperucita verde

Ojo: Para tener las palabras sueltas, recorta los renglones pun-
teados. Luego puedes guardar las palabras en un sobre.

enfadosa.

acechaba, ¡el muy tipejo!

su reloj, un tanto viejo.

apenas de la cama.

tenía negro su destino.

echó a correr tras de ella en tres

patadas.

donde ya sabes

se peinó las canas

Ojo: Para tener las palabras sueltas, recorta los renglones punteados. Luego puedes guardar las palabras en un sobre.

PALABRAS PARA
LA CAPERUCITA ROSA

Rosa

después de un siglo con la abuela.

le jugó una carrerita

fantasiosa

—¿Vas a ver a tu abuela?

con su abuelita

se volvió supermercado;

resultó Caperucita".

ingeniosa.

OJO: Para tener las palabras sueltas, recorta los renglones punteados. Luego puedes guardar las palabras en un sobre.

tenis, pantalón y camiseta

en otra bici la siguió de largo

ya se había cambiado.

acechaba en una esquina

que a esta hora vaya a la escuela!

volando en bicicleta

su sombrero y gabardina.

Caperucita Rosa.

traviesa y muy inquieta

OJO: Para tener las palabras sueltas, recorta los renglones punteados. Luego puedes guardar las palabras en un sobre.

un hombre furioso y muy violento

aquello le pasó por papa frita.

siete menos algo,

Acá-a-la vuelta

señor, me equivoqué de cuento

"Sí, ahorita"

así llegó con su abuelita.

tímida y modosa

ya no era casa sino escuela.

Ojo: Para tener las palabras sueltas, recorta los renglones punteados. Luego puedes guardar las palabras en un sobre.